Coleção Memória e História

Arthur Nestrovski

HISTÓRIAS DE AVÔ E AVÓ

20ª reimpressão

Companhia das Letrinhas

Copyright do texto © 1998 by Arthur Nestrovski
Copyright das ilustrações © 1998 by Maria Eugênia

Grafia atualizada segundo o Acordo Ortográfico da Língua Portuguesa de 1990, que entrou em vigor no Brasil em 2009.

Projeto gráfico e capa
Silvia Massaro

Pesquisa iconográfica
Fernanda Carvalho

Créditos das reproduções fotográficas das pp 15, 17, 24, 27, 32 e 33
Bel Pedrosa

Preparação
Márcia Copola

Atualização ortográfica
2 estúdio gráfico

Dados Internacionais de Catalogação na Publicação (CIP)
(Câmara Brasileira do Livro, SP, Brasil)

> Nestrovski, Arthur,
>   Histórias de avô e avó / Arthur Nestrovski ; ilustrações de Maria Eugênia. — 1ª ed. — São Paulo : Companhia das Letrinhas, 1998. — (Coleção Memória e História)
>   ISBN 978-85-7406-011-8
>   1. Literatura infantojuvenil. I. Eugênia, Maria. II. Título.

98-1880   CDD-028.5

Índices para catálogo sistemático:
1. Literatura infantil: 028.5
2. Literatura infantojuvenil: 028.5

2022

Todos os direitos desta edição reservados à
EDITORA SCHWARCZ S.A.
Rua Bandeira Paulista, 702, cj. 32
04532-002 — São Paulo — SP — Brasil
☎ (11) 3707-3500
www.companhiadasletrinhas.com.br
www.blogdaletrinhas.com.br
/companhiadasletrinhas
@companhiadasletrinhas
/CanalLetrinhaZ

Esta obra foi composta em AGaramond e impressa pela Geográfica em ofsete sobre papel Couché Design Matte da Suzano S.A. para a Editora Schwarcz em março de 2022

Créditos das fotos:

Todos os cartões-postais que aparecem neste livro encontram-se na Coleção Maria Cecília Monteiro da Silva, São Paulo.

p. 15: a *Caza de colono* (Porto Alegre, 1902), é de autoria de João Mayer Júnior;

p. 17: o postal *Rua Voluntários da Pátria* (Porto Alegre, 1/12/1903), que foi impresso na Alemanha;

p. 24: o postal da *Rua dos Andradas* (Porto Alegre, circa 1940);

p. 27: a *Rua da Ladeira* (Porto Alegre, 1916) foi impresso pela Krahe e Cia.

p. 32: Hugo Freyler fez a *Diligência* (Porto Alegre, início do século XX);

p. 33: outro postal da *Rua dos Andradas* (Porto Alegre, 30/1/1905) também foi impresso na Alemanha.

Vô Maurício lendo na sala da casa dele.

Para Lívia e Sofia,
e para os filhos e netos delas

Sumário

Uma aula de música do meu avô 7

A bênção da bisa 13

O ábaco do vô Felipe 21

O touro e a vó Luísa 29

Os bolinhos de peixe da vó Póli 35

O vô Maurício e os livros 43

Uma aula de música do meu avô

Eu sempre gostei muito de música.
Hoje, que sou adulto, dou aula de música na universidade e escrevo sobre música no jornal. Gosto tanto de música que não aguento ouvir todo dia. Só ouço quando posso prestar atenção de verdade: quando sinto que estou pronto para escutar. Porque a música me toca mais do que qualquer outra coisa.

Mas não é bem de música que eu quero falar. Quero falar do meu avô. Ou melhor: de uma cena que eu lembro, da minha infância, e que tem a ver com a música e com o meu avô.

Ele se chamava Maurício e foi com ele que eu comecei a ouvir música. O vô Maurício não tocava nada, não era capaz nem de assobiar o Hino Nacional, mas escutava música sempre, no rádio ou no toca-discos. Assim que percebeu que eu também gostava de música, passou a me levar aos concertos com ele. E foi só ir a um concerto que comecei a incomodar meus pais, pedindo para ter aula de música. Tanto incomodei, que eles me puseram numa escola para aprender flauta doce.

Eu gostava de música e gostava do meu avô. E acho que essas duas coisas se misturavam. Foi por isso que nunca esqueci o que eu quero contar para vocês.

O vô Maurício era casado com a vó Luísa. Os dois moravam numa casa linda, enorme. Para falar a verdade, talvez nem fosse tão grande assim; mas para mim, naquela época, era. Eu devia ter uns sete ou oito anos. E a gente sempre vê as coisas de acordo com o nosso tamanho.

Todo domingo a gente almoçava na casa dos meus avós. Meu pai, minha mãe, minha irmã e eu. Mais o vô Maurício e a vó Luísa, que era quem comandava as coisas no almoço.

Quem comandava a música era o meu avô: escolhia um disco ou deixava o rádio ligado na estação de música clássica, que era a que ele mais gostava, e eu também. Desde pequeno, sempre gostei mais de música clássica do que de qualquer outra.

Num desses domingos, então, estava tocando uma música no rádio enquanto a gente esperava minha avó chamar para a mesa. Eu ainda não conhecia muita música, claro. Depois que a gente já escutou horas e horas, já leu a respeito, já foi a alguns concertos, vai ficando fácil reconhecer o que está tocando. Não é preciso fazer um esforço: a gente sabe, como sabe que a voz da mãe é a voz da mãe, e a do pai é a do pai. A música já está dentro da gente — mesmo uma que a gente nunca ouviu.

Não conhecia muita música, mas sabia qual era aquela que estava tocando no rádio do meu avô. Era um trecho de "As quatro estações" de Vivaldi. Não havia a menor chance de eu estar enganado. Já tinha ouvido essa música muitas vezes. Disse então, sem pensar:

"Isso é Vivaldi, 'As quatro estações'."

"Não é, não", disse o meu avô. "É Bach."

"É Vivaldi", insisti. "'As quatro estações'."

"Não seja bobo, menino. É Bach."

A discussão foi se arrastando e eu não sabia o que fazer. Não tinha dúvida de que era Vivaldi e estava orgulhoso de saber o que era. Queria me exibir um pouco. Especialmente para o meu avô. E aí é que estava o problema.

Porque eu gostava demais do meu avô, era justamente para ele que eu estava dizendo aquilo. Estava decepcionado de ver que ele se enganara e mais decepcionado ainda de sentir que ele não confiava na minha opinião. E estava também um pouco encabulado, porque tinha certeza do que tinha dito, a música no rádio era Vivaldi, o vô Maurício ia acabar descobrindo que estava errado, ia ficar sem jeito e a culpa era minha.

Eu não queria magoar meu avô, mas também não queria dar o braço a torcer. E tudo passava muito rápido, e eu sabia que, de um jeito ou de outro, não podia acabar bem.

Ficou aquela tensão na sala. Minha mãe puxou conversa para ver se aliviava, mas lembro até hoje do mal-estar que senti. Finalmente, a música acabou, e o locutor anunciou o que tinha acabado de tocar. Vivaldi: "As quatro estações".

Fiquei com os olhos cheios de lágrimas. Estava contente por ter acertado, mas estava mais triste do que contente. Era como se eu tivesse batido na cara do meu avô, em pleno almoço de domingo. Agora, sim, não sabia o que fazer. E não fiz nada, mesmo; fiquei quieto, meio encolhido, meio chorando.

Meu avô, então, fez uma coisa que eu nunca esqueci. Para mim, ele era só o meu avô e pronto. Mas eu sabia muito bem que, para os outros, o vô Maurício era um homem muito importante, muito respeitado — e um homem que sabia de música. Pois meu avô foi até onde eu estava, num canto do sofá. Atravessou a sala, foi até ali, me olhou nos olhos e disse, com a maior simplicidade: "Desculpe. Você tinha razão. Eu quero lhe pedir desculpas".

　Já faz muitos anos que meu avô morreu. Eu continuo gostando muito de música e continuo gostando muito dele, e acho que essas duas coisas continuam um pouco misturadas. Aprendi muitas coisas ouvindo música e outras tantas com ele, ou pensando nele. Não sei muito bem o que foi que aprendi naquele domingo. Mas sei que foi mais importante do que Vivaldi, mais importante do que a música e muito mais importante do que descobrir que podia confiar na minha própria opinião.

　A música, afinal de contas, não tem importância se a gente não tem importância. E poucas pessoas têm mais importância para mim do que o meu avô.

A bênção da bisa

Eu tive bisavó até os vinte anos.

É muito raro ter bisavó hoje em dia; e já não era comum na minha época. Mas tive essa sorte: uma bisavó, mãe da mãe da minha mãe.

O nome dela era Olga. Quer dizer, na verdade era Golda, mas todo o mundo a chamava de Olga, que foi o nome que ela adotou quando chegou ao Brasil.

Ela nasceu em 1888, na Bessarábia, uma região da Rússia. Veio para cá com dezesseis anos, de navio. Conheceu meu bisavô Isaac a bordo e começou a namorar com ele. Ela gostava de me contar como eles ficavam conversando no convés, à luz da lua. E como, mais tarde, lá na colônia onde eles moravam, no interior do Rio Grande do Sul, o vô Isaac ia visitar a vó Olga todo fim de tarde, a cavalo.

Não conheci meu bisavô Isaac, porque ele morreu antes de eu nascer. Mas todo mundo que o conheceu sempre fala muito bem dele.

O vô Isaac e a vó Olga eram um casal e tanto. Nunca brigavam. Sobre isso, há uma história engraçada na família. Não sei se foi bem assim, mas contam que um dia, quando os dois já estavam casados fazia mais de trinta anos, o vô Isaac, por algum motivo, disse assim, bem alto, para a minha bisavó: "Não seja boba, Olga". E ela desmaiou! Depois disse que o vô Isaac jamais tinha gritado com ela. E ele nunca mais gritou.

Quando eu era criança, minha mãe me levava para visitar a vó Olga toda semana. Ela morava num prédio antigo, bonito. Chamava-se Hotel Carraro, mas não era um hotel; talvez tivesse sido. A gente ia de bonde, descia bem ali

na frente e subia até o apartamento da minha avó num daqueles elevadores com porta de ferro que abre e fecha como uma sanfona.

Eu morava em Porto Alegre, num bairro chamado Petrópolis, que quer dizer "cidade de pedra", ou "cidade de Pedro" — acho que, nesse caso, é Pedro, em homenagem ao imperador do Brasil. Minha avó morava no centro.

Nunca esqueci essas visitas. A vó Olga era uma avó de conto de fadas. A pessoa mais doce que já conheci. Dizem que nem sempre tinha sido assim. Quando ela morava lá no interior, trabalhava num armazém que o vô Isaac tinha montado com os irmãos. Servia comida e bebida para uns trabalhadores paraguaios, que estavam construindo estradas na região. E tinha sempre um revólver na cintura! Parece filme de faroeste, mas é a pura verdade. Embora seja difícil acreditar para quem conheceu a vó Olga tanto tempo depois, como eu.

Quando a vó Olga chegou ao Brasil, foi morar numa casa de madeira, no campo, parecida com essa.

No apartamento dela, havia um aquário com peixes dourados. Ela servia guaraná nuns copos de cristal recortado, em formato de diamantes. Esses copos estão comigo agora. O guaraná que ela me dava na certa era igual ao que a gente toma hoje. Mas para mim, do jeito que eu me lembro, tinha um sabor muito diferente, era a bebida mais maravilhosa do mundo. E eu sei que nunca mais vou encontrar outro igual: porque esse era o guaraná da vó Olga.

Outra coisa que ela fazia melhor que ninguém eram uns pasteizinhos de uva, que a gente comia de tarde, na casa da praia. Até eu fazer uns dez ou onze anos, nós passávamos o mês de fevereiro inteiro na praia com ela, em Atlântida, que fica perto de Porto Alegre. Era uma casa vermelha, de dois andares, com um gramado ao redor. Foi lá que eu aprendi a andar de bicicleta. Foi lá que eu levei um susto danado, uma vez que um cavalo disparou comigo em cima. E foi lá que eu comi, durante todos esses anos, os pasteizinhos de uva da vó Olga.

Ela dava outro nome para eles, que não lembro mais, porque não era em português. A vó Olga preferia falar ídiche, uma língua que não é de nenhum país, mas que os judeus da Europa inteira falavam. Quando ela veio da Bessarábia, continuou falando ídiche, enquanto aos poucos ia aprendendo português.

Até o fim da vida, aliás — e ela morreu com mais de noventa anos —, a vó Olga falou português com um pouco de sotaque. Às vezes errava. Mas não tinha nenhuma importância. Acho que nunca ninguém falou comigo tão claro como ela. Porque a vó

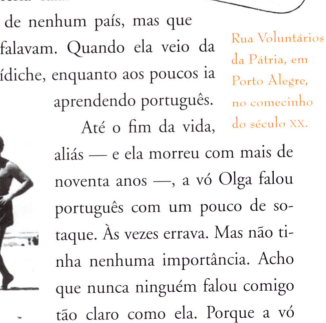

Rua Voluntários da Pátria, em Porto Alegre, no comecinho do século XX.

Eu na praia e, ao fundo, Laura.

Em pé, vó Luísa e vô Maurício; sentados, da esquerda para a direita: vó Olga, Laura, pai, eu, mãe.

Olga adorava os bisnetos e era incapaz de pensar na gente, por um segundo que fosse, sem carinho. E para expressar isso tanto faz como a gente fala: todo mundo entende.

Tem mais uma coisa que eu quero contar da vó Olga. Não era sempre, mas uma ou outra vez, quando eu ia fazer uma daquelas visitas, no Hotel Carraro, ou então quando era ela que ia nos ver, a vó Olga levava a gente até um quarto para dar uma bênção.

Ela me fazia sentar numa cadeira e ficava de pé, atrás. Fechava os olhos e começava a murmurar umas palavras que eu não compreendia, bem rápido. Acho que era ídiche. Passava as mãos na minha cabeça e nos ombros, e depois agitava os braços, como quem está espantando uma coisa ruim. Fazia isso três vezes e, para terminar, um barulhinho com a boca, como se estivesse cuspindo alguma coisa.

Eu nunca fui religioso e nunca acreditei em superstição. Acho que, no fundo, nem ela. Mas gostava muito quando a vó Olga me benzia. Era um assunto só nosso. A bênção era um momento raro na minha vida, uma coisa que ninguém sabia ou estava disposto a fazer, só ela. E há poucas coisas de que eu me lembre com tanta saudade como daqueles minutos no quarto para a bênção da bisa. A não ser, talvez, dos pasteizinhos de uva e do guaraná.

O ábaco do vô Felipe

Três vezes por ano meus pais me levavam até a casa do vô Felipe e da vó Póli para comemorar as festas judaicas. Meus pais nunca ligaram muito para a tradição. Minha irmã e eu também não. Mas a gente sempre ia a essas festas, porque meus avós ligavam; e também era uma chance de a família inteira se reunir.

O vô Felipe e a vó Póli eram os pais do meu pai. Eles nasceram na Ucrânia, que naquela época fazia parte da Rússia. Para escapar de lá, onde muitos judeus foram perseguidos — só porque eram judeus! —, eles rastejaram, escondidos, através de uma plantação de milho. Cruzaram a fronteira e pegaram um navio para o Brasil. Acabaram indo morar em Porto Alegre.

O que você faria se tivesse de se mudar sozinho para a Rússia? Ia ficar apavorado, não ia? Pois muita gente veio da Rússia e de outros países para o Brasil no fim do século XIX ou no início do XX. Lá na Europa não havia trabalho para todo mundo e as pessoas estavam passando fome; ou eram perseguidas, como meus avós, por seguirem outra religião. Precisava ter muita coragem para sair de lá e se mudar para tão longe, como o Brasil ou os Estados Unidos. Devia ser tão estranho para eles como seria para nós ir morar na Rússia.

Quando o vô Felipe e a vó Póli chegaram ao Brasil, só falavam russo e ídiche. Tiveram de se virar para aprender português e conseguir ganhar a vida. No começo, o vô Felipe vendia tecidos de porta em porta. Acabou juntando dinheiro e abriu uma loja no centro da cidade.

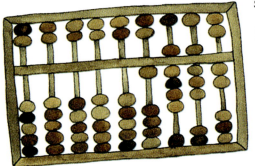

Nas tardes em que minha mãe me levava ao centro para fazer compras, passava sempre comigo na loja. Era uma sala comprida, um pouco escura, com rolos grandes de tecido nas prateleiras. Meu avô pegava os rolos para mostrar aos clientes, e eles faziam um barulho gostoso quando caíam pesados no balcão.

Eu adorava ver aqueles metros e metros de tecido colorido; mas o que eu mais gostava, mesmo, era da máquina de calcular do vô Felipe. Naquela época, ainda não existiam calculadoras como as de hoje, muito menos computador. No canto do balcão, ficava uma máquina registradora, dessas que a gente ainda vê de vez em quando em lojinhas antigas. Tinha muitas teclas de números e uma manivela grande do lado, que fazia *triiimm* quando alguém acabava a conta.

Mas não é dessa máquina que eu estou falando. Os funcionários faziam contas na registradora, mas o meu avô usava outra coisa, muito mais simples: uma armação de madeira com fileiras de arame onde corriam umas bolinhas. Chamamos de *ábaco*, uma das máquinas de calcular mais antigas que existem. Até hoje ainda se usam esses ábacos na China, na Rússia e em alguns outros países.

Nunca entendi bem como fazer contas no ábaco. O que eu sei é que cada bolinha movida de um lado para outro da fileira representa uma unidade, uma dezena, uma centena, e assim por diante. As contas são feitas movendo e contando as bolinhas.

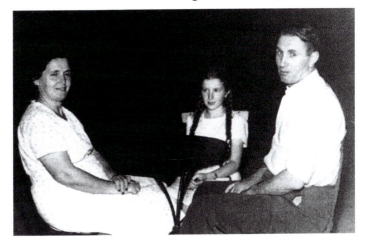

Vô Felipe, vó Póli, "Timia".

O mais impressionante era o seguinte: meu avô fazia contas no ábaco mais rápido do que os funcionários na registradora. E a registradora, claro, fazia a conta sozinha, mas o ábaco não. O ábaco só ajudava; quem fazia as contas, mesmo, era o vô Felipe.

Na certa ele ia perder agora de qualquer calculadora. Mas tenho certeza de que não trocaria o ábaco por nada. Porque não servia só para ajudar nas contas. Era um mundo inteiro que meu avô tinha trazido da Rússia. A cada conta, era como se estivesse de novo naquele mundo, que ele deixara para trás mas que de certa forma nunca deixou.

Na época em que meus avós chegaram ao Brasil, por volta de 1920, praticamente não havia automóveis. Os poucos que havia eram daquele tipo bem antigo, grandões, pretões, com pneus duros. Vinte anos depois, a paisagem era outra. Ainda não havia nem a metade da metade da metade do que a gente vê hoje por aí, nas ruas. Mas os carros eram cada vez mais modernos e mais numerosos.

Num dia de sorte, meu avô comprou um bilhete de loteria e ganhou o primeiro prêmio. Foi a única vez que alguém da nossa família ganhou algum sorteio. Isso já foi um pouco depois, acho que em torno de 1950. E sabe o que ele resolveu fazer? Resolveu comprar um carro.

1940: rua dos Andradas, mais conhecida como rua da Praia, porque antes o rio Guaíba ia quase até ali.

O vô Felipe nunca havia dirigido um automóvel. Lá na Ucrânia, ele tinha uma charrete, puxada a cavalo; e isso era tudo o que ele sabia sobre dirigir um veículo. Mas pôs na cabeça que queria um carro. E quando um velho russo como o meu avô põe na cabeça que quer alguma coisa, é muito difícil fazê-lo mudar de ideia.

Pois foi em frente e comprou. O pessoal da revendedora levou o carro até a casa deles, lá no bairro do Bonfim. Um automóvel novinho em folha, reluzente. Foi aquela sensação. Minha avó saiu para ver. Tinha sido contra o plano de ter um automóvel, mas agora que a novidade estava ali, espetacular, brilhando ao sol no jardim, até ela se comoveu um pouco. "Imagine só", dizia. "Sair da Rússia sem um tostão e agora poder comprar um carro!"

Meu pai, o irmão e a irmã dele também ficaram muito orgulhosos. Não era qualquer um que comprava um carro em 1950. Um carro era uma coisa especial.

O mais calmo de todos era o vô Felipe. Ficou fingindo que não era nada de mais. Que ele era um homem que tinha todo direito de ter um automóvel.

Só havia um problema: ninguém sabia dirigir. E o meu avô, que era muito confiante em si e muito teimoso, não era do tipo que aceitaria entrar numa escola àquela altura da vida. Vejam só como são as pessoas: não sabia dirigir, mas não aceitava aprender, se não fosse sozinho. Dizia que já tinha dirigido uma charrete durante muitos anos e que um carro era só uma charrete de metal.

Já deu para imaginar o que aconteceu? Ele entrou no seu carro novo, pôs a chave na ignição e ligou o motor. O carro pegou: um espanto! Fazia um barulho bonito, um som forte de máquina. Mas não saía do lugar. Óbvio: porque estava em ponto morto. Mas o vô Felipe já tinha andado em carros de outras pessoas, tinha observado o que elas faziam e sabia que era preciso mudar a marcha para o carro se mexer. A questão dos pedais era um pouco mais delicada. Mas não podia ser tão complicada assim... Ele engatou primeira, acelerou e tirou o pé da embreagem. O carro deu um pulo e entrou de frente no muro do jardim! Botou o murinho abaixo!

Foi o bastante para o vô Felipe desistir da aventura. Ele, que tinha vindo do outro lado do mundo nas piores condições, tinha criado uma vida nova num outro país, tinha se dado bem onde tudo podia dar errado, desistiu do automóvel na primeira tentativa. Não era mais coisa para ele, dizia, entre irritado e encabulado.

Dirigir um automóvel podia não ser um mistério, mas já não era algo que ele estivesse disposto a aprender. Um pouco como o computador, hoje, para muita gente de mais idade. Dá uma certa preguiça de descobrir como aquilo funciona e uma preguiça maior ainda de ficar treinando até conseguir manobrar a novidade direito. É como aprender uma língua nova, ou como se mudar para outra cidade. No fundo, é um pouco como inventar uma vida nova para si. Não era mais coisa para ele, dizia o vô Felipe. Era para os filhos dele, e para os netos.

Mais uma história do vô Felipe. A última comigo, porque ele morreu pouco tempo depois. Eu tinha onze anos e estava me preparando para uma prova: queria trocar de escola. Era um exame para entrar na sexta série do Colégio de Aplicação. Estava nervoso, na véspera, quando o vô Felipe e a vó Póli foram nos ver. Meu avô puxou conversa comigo sobre o teste. Disse a ele que estava preocupado. "Não há por que ficar nervoso", respondeu. "Para cada pergunta, há milhares de respostas erradas; mas só existe uma certa. Tudo o que você tem de fazer é botar a resposta certa."

Nem sempre eu sei a resposta certa para as coisas. Não sabia, no exame, e até hoje continuo fazendo coisas erradas, como todo o mundo. Mas, mais de vinte anos depois de ter acabado de estudar no Colégio de Aplicação, continuo achando que sem o vô Felipe eu não teria passado. Pensando bem, ele não me ensinou nada que eu já não soubesse. Mas, na hora H, foi aquela conversa com meu avô que fez toda a diferença.

Quando a vó Póli e o vô Felipe chegaram a Porto Alegre, as ruas de comércio, no centro, eram assim.

O touro e a vó Luísa

A vó Luísa tinha uns onze ou doze anos quando isto que eu vou contar aconteceu. Ela morava numa cidadezinha chamada Cruz Alta, lá no interior do Rio Grande do Sul.

Falar em cidade é quase um exagero: eram só algumas ruas e uma praça. O resto eram campos, plantações de trigo, mato, riachos, cachoeiras. E muitos bichos, é claro, espalhados por todo lugar.

Tinha galinhas, patos, gansos, cavalos, burros. E, o que é mais importante para a nossa história, tinha um touro, que ficava pastando junto com os bois e as vacas ao lado da estradinha que a vó Luísa pegava todos os dias para ir à escola.

Um dia, ela teve a ideia de criar um atalho pelo meio do pasto. Pulou a cerca e foi caminhando, de mansinho, bem perto dos bois e das vacas. E do touro.

Você já deve ter ouvido falar que touros não gostam de vermelho. Parece que nem é verdade, mas a tradição continua. Nas touradas da Espanha, a capa do toureiro é sempre vermelha, para deixar o touro bem brabo. Se isso está certo eu não sei, mas foi bem verdade para a minha avó, que estava de suéter vermelho naquele dia.

Nem bem tinha dado uns passos ao lado da boiada quando ouviu um barulho esquisito... Parecia um bicho bufando. Um bicho grande escavando o chão com a pata e bufando pelas narinas. Parecia nada: era o touro, cada vez mais irritado e pronto para correr atrás dela!

A vó Luísa saiu numa carreira. Estava tão apavorada que nem dava para gritar pedindo socorro. Só dava para correr, o mais rápido que podia, para chegar na porteira antes do touro.

E o touro, vendo a menina naquela correria desabalada, não podia mesmo ter feito outra coisa: saiu correndo atrás dela.

Enquanto a minha avó corria, tinha a impressão de que o tempo havia parado, de que não ia conseguir chegar na porteira e nunca mais ia poder parar de fugir do touro. E o touro atrás dela, e quanto mais perto, mais brabo por causa do suéter vermelho.

Finalmente, na horinha, ela conseguiu pular a cerca e o touro bateu com os chifres na madeira! A vó Luísa continuou correndo, sem parar, até chegar em casa.

Quando a mãe dela — a minha bisavó Olga — ouviu o alarido na cozinha, desceu logo para ver o que estava acontecendo. Não sabia o que fazer primeiro: dar um castigo pela bobagem que a filha tinha feito, dar um banho nela para tirar o suor e a sujeira, ou dar um monte de beijos e um abraço, para ela se sentir melhor. Deu um monte de beijos e um abraço, depois preparou um banho de banheira com espuma. Deu um lanche para ela, com chocolate quente e bisnaguinhas. E depois deu um castigo também, porque naquela época não tinha moleza. Mas um castiguinho de nada, só para ela não fazer aquilo de novo.

A história inteira, lá no prado, deve ter durado só alguns segundos. Mas a minha avó jamais esqueceu esse touro. Boi e vaca, com ela, nunca mais! Bastava aparecer uma vaquinha inocente na televisão, e ela precisava se esforçar para não ter um chilique.

A sorte dela foi que a família se mudou, pouco depois dessa aventura, para uma cidade maior, onde não tinha mais rio, cachoeira, plantação de trigo, nem mato, o que deixava a vó Luísa triste. Mas também não tinha boi, nem touro, e ela podia ir sossegada para a escola — de bonde.

Em Porto Alegre, quando não existiam automóveis, quem podia, andava de diligência.

Minha avó foi uma criança muito arteira, mas quando cresceu se acalmou. Todo o mundo que a conheceu lembra sempre da vó Luísa sentada numa poltrona da sala lendo um livro e fazendo tricô. Era isso que ela fazia, a maior parte do tempo. Quando era inverno, acendia a lareira; quando era verão, ligava um ventilador. E ficava ali, lendo livros e fazendo tricô. Fazia as duas coisas ao mesmo tempo, porque nem precisava olhar para o tricô. Tricotava tão bem que as agulhas

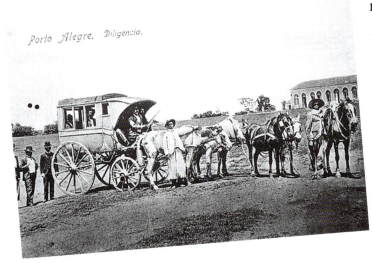

parece que se mexiam sozinhas.

Nas noites de verão, ela e o meu avô recebiam os amigos no pátio da casa, onde havia uma árvore muito perfumada, um jasmim-manga. Eles prendiam uma rede num galho da árvore e no muro, e eu ficava ali me balançando, escutando as conversas e tomando suco de maracujá.

Bondes puxados a cavalo, na rua da Praia, há cerca de noventa anos. Como não havia automóveis, não era preciso asfaltar as ruas.

Agora vejam como são as coisas. Minha avó era uma ótima avó. Passava bastante tempo comigo, me dava banho, fazia as comidas que eu mais gostava, comprava chocolate. Quando faço um esforço, me lembro de muitas coisas que nós fizemos juntos: brincadeiras, conversas, viagens. Mas quando não faço esforço nenhum, quando estou dando um passeio, por exemplo, e de repente me lembro dela, não é dessas coisas que eu lembro. Minha avó, para mim, foi muito mais do que isto, mas, na minha memória, está inteirinha na história do touro, nos livros e no jasmim-manga.

Os bolinhos de peixe da vó Póli

Se você procurar com paciência no mapa da Ucrânia, vai encontrar, bem no Sul, junto ao mar Negro, uma cidadezinha chamada Dnestrovskyi. Por muito tempo eu achei que os meus avós tivessem vindo de lá. Mas não. O nome Nestrovski vem mesmo de Dniester, que é um rio; mas os Nestrovski viviam numa região mais para cima no mapa, perto de Kiev.

Meu avô Felipe cresceu em Kalerke. Minha avó Póli, em Spola. E nem adianta tentar encontrar esses nomes no mapa. Eles não existem mais.

As duas cidadezinhas eram habitadas quase só por judeus. Com as perseguições raciais, no início do século XX, todo o mundo veio embora de lá. Cada cidade foi minguando, minguando, até se esvaziar por completo. A cidade onde a minha avó nasceu simplesmente acabou.

A vó Póli falava russo com o vô Felipe, conversava em ídiche com os filhos e os amigos, rezava em hebraico e com o resto de nós usava um português meio capenga. Dizem que tinha uma voz linda quando era moça e que cantava muito bem. Eu nunca a ouvi cantar. O que sei, e posso garantir para vocês, é que ela cozinhava como só mesmo a vó da gente sabe.

Quando chegavam as festas, a vó Póli passava três dias na cozinha preparando um banquete. A empregada ajudava, mas quem fazia quase tudo era ela. Também não deixava as noras se meterem.

É engraçado o que a gente lembra da infância. Nem sempre é aquele brinquedo cobiçado anos a fio. Nem os dias de aniversário. Nem o primeiro dia na

escola. Nem as férias na praia. Nem o estádio de futebol. Nem as festas. Nem as brigas com os irmãos. Nem as figurinhas, as revistinhas e as bolinhas de gude. Nem os programas favoritos da TV. Isso tudo a gente lembra, mas parece que não quer dizer muito.

Agora, tem certas outras coisas em que a gente não presta atenção mas que querem dizer muito mais. É o caso das comidas da vó Poli.

Lembrar da minha vó é lembrar do *gefilte fish* que ela fazia: uma espécie de bolinho de peixe. Sei que muita gente vai torcer o nariz só de ler a palavra *peixe*. Mas isso é porque vocês não comeram o *gefilte fish* da minha avó. Nem a sopa com bolinhos de batata. Nem o frango com molho. Nem as compotas.

Acho que é comum, na verdade, pensar em avós e comida ao mesmo tempo. Quando elas cozinham para nós, parece que estão preparando um presente. Um presente tão bom, mas tão bom, que dá vontade de comer. E é para comer mesmo.

É o tipo do presente que a gente só ganha em casa. Ou melhor, na casa das avós, que não têm de fazer comida para a gente todos os dias e podem se dedicar de verdade quando têm chance.

Atualmente, tem até avô que cozinha. Mas naquela época, quando eu era criança, isso estava fora de cogitação. Homem não cozinhava. Não sei como teria sido a comida do vô Felipe. Suspeito que cozinhar não teria sido um dos maiores talentos dele. E depois, perto da minha avó, qualquer um ia parecer um cozinheiro de meia-tigela.

 Uma vez por ano, os judeus que seguem a tradição fazem o contrário do que praticam nos outros trezentos e sessenta e quatro dias. Em vez de comer muito, não comem absolutamente nada. Fazem jejum por vinte e quatro horas. É o Dia do Perdão — *Yom Kippur*, em hebraico —, que é quando se pede perdão a Deus pelos pecados.

 O que vou contar aconteceu quando eu já tinha quinze anos. Nem eu, nem minha irmã, nem meus pais éramos de frequentar a sinagoga. Mas minha avó Póli era religiosa e seguia todos os ritos do calendário. Nesse dia, não sei por que motivo, pedi a meus pais que me levassem. Claro que eu tinha estado numa sinagoga algumas vezes. Mas nunca num dia tão importante como o *Yom Kippur*.

 Estava tudo muito iluminado e cheio de gente. Os homens no andar de baixo, as mulheres no de cima. Lá no fundo, um homem com um vozeirão cantava as músicas lindas que sempre são cantadas nesse dia, há mais de mil anos.

 Para não dizer que tudo estava maravilhoso, o cheiro na sinagoga, àquela altura, não era exatamente um perfume. Todo o mundo vinha fazendo jejum havia quase vinte e quatro horas, e quando a gente passa tanto tempo sem comer fica com o hálito azedo. Agora multipliquem o azedume por umas quinhentas bocas e imaginem o resultado.

Mas o que importa é que subi até o andar de cima para encontrar minha avó. Dei com ela bem no topo da escada. Estava apoiada no corrimão, acompanhando a cantoria. A última pessoa que a vó Póli esperava ver ali era eu. Ficou tão contente que nem conseguia falar. Não parava de me mostrar para as amigas.

Nós nunca falamos sobre esse encontro. Mas nem precisava. Os dois sabíamos que as coisas tinham mudado para sempre depois.

Talvez minha avó tivesse esperança de que eu passasse a frequentar a sinagoga. Mas acho que não. O que ela sabia é que eu tinha tomado a iniciativa de fazer essa visita, uma verdadeira homenagem a ela, naquele dia especial. Era pouco, mas não deixava de ser uma espécie de presente, ou retribuição. Não era nada, comparado ao *gefilte fish* e às compotas. Mas era uma coisa que só um neto pode dar para uma avó.

No fundo, o que eu queria era dar a ela a certeza de que o seu lugar era aqui mesmo, com seus filhos e netos. E que o fato de ter deixado a Ucrânia para sempre, o fato de a cidade dela ter desaparecido do mapa, o fato de ela ter perdido uma língua e um país não tinha, afinal, para ela, mais nenhuma importância.

O vô Maurício e os livros

Eu tinha sete anos e estava na segunda série. Era início de inverno e fazia muito frio em Porto Alegre. Meus pais tinham feito uma reforma na nossa casa e construído uma espécie de mezanino — uma sala suspensa, formando a metade de um segundo andar, do meio até o fim da garagem.

Era uma quarta-feira. Como é que eu sei? Porque o vô Maurício e a vó Luísa iam jantar conosco todas as quartas-feiras. Sempre levavam presentes. Passas de pêssego de Pelotas, por exemplo, que eu adorava. Língua de gato, meu chocolate predileto. Um time de botão, quem sabe, ou um álbum de figurinhas.

Nesse dia, meu avô levou algo especial. Era um pacote pequeno, em formato de retângulo. Achei que fosse algum jogo. Rasguei o papel de qualquer jeito, para ver logo o que era. E fiquei com cara de bobo e dei um sorriso amarelo. Disse um "obrigado" meio chocho, fingindo que tinha gostado. Era um livro.

A capa branca trazia o desenho de um menino com uma bicicleta daquelas bem antigas, que têm a roda da frente enorme e a de trás pequenininha. O nome do livro era *Jim e a bicicleta*.

Àquela altura eu já sabia ler, mas nunca tinha lido uma história grande assim sozinho, do começo ao fim. Dava até um pouco de medo. Mas, para o meu avô não ficar chateado e também porque, no fundo, eu estava com uma pontinha de curiosidade, resolvi começar a ler o livro depois do jantar.

Subi para o mezanino, deitei numas almofadas gostosas que minha mãe tinha feito, deixei uma caixinha nova de língua de gato aberta do meu lado e comecei a leitura. Comecei e não parei mais. Minha irmã foi me convidar para brincar e eu não quis. Ia passar um programa bom na televisão, mas também não me deu vontade de ver. Só parei de ler quando já tinha passado bastante da minha hora de ir para a cama e meus avós me chamaram para se despedir.

Vô Maurício no escritório da Livraria José Olympio.

No dia seguinte, eu não via a hora de chegar em casa e continuar as aventuras do Jim. O livro era um pouco esquisito, porque era feito em Portugal, e lá eles falam e escrevem diferente de nós. Esquisito ou não, eu só queria saber do Jim. Meu avô teve de me trazer mais um livro da série na semana seguinte. E outro na seguinte, e assim por diante, até completar a coleção.

Nunca mais vi esses livros depois que fiquei grande. Talvez se eu os visse agora não ia entender por que gostei tanto. Mas de todos os livros que já li na vida, nenhum foi mais importante do que *Jim e a bicicleta*. Gostei mais de outros, até, mas nenhum foi tão importante. Porque foi o que me fez descobrir, por mim mesmo, o que era essa coisa estranha que os adultos ao meu redor estavam sempre fazendo sem que ninguém mandasse: ler um livro.

Continuei ganhando livros do vô Maurício por muitos anos. Esqueci de contar uma coisa importante: meu avô era editor. Quer dizer, trabalhava num lugar onde se fazem livros: falava com os autores, encomendava histórias, mandava fazer capas; lia livros em outras línguas e escolhia os melhores para traduzir.

Na casa do vô Maurício tinha livros por todos os lados. Na sala de estar, no corredor, no escritório, nos quartos, até no banheiro. Meu lugar favorito era o escritório. Quando a gente entrava, quase esbarrava com os livros do teto ao chão. Eu adorava ficar sentado ali, lendo no meio da bagunça. Também tinha um toca-discos, que naquela época a gente chamava de "eletrola" — isso foi muito antes de inventarem o CD —, e um rádio preto com botões prateados do lado para sintonizar — porque ainda não tinham inventado o mostrador digital.

Nas noites de sábado, meus avós recebiam amigos. Todos os sábados, sem exceção; eram muito festeiros. E vários dos amigos deles eram escritores e escritoras que faziam livros com meu avô. A festa ia até bem tarde. E eu ficava ali no meio deles, escutando a conversa; ou então mais longe, me balançando na rede do jardim, debaixo do jasmim-manga.

Vocês podem pensar que estou enganado. Mas hoje eu acho que, sem aquela casa e aquelas festas, sem aquela rede e aquela árvore, eu não ia gostar tanto de ler. Muito menos teria escrito estas histórias.

O triste é que a casa não existe mais. Casas como aquela acabam mesmo desaparecendo. A gente cresce. As coisas mudam. Mas, de certo modo, ela está sempre em todos os livros que eu leio. Ou melhor: todos os livros juntos formam de novo, para mim, a casa dos meus avós.

Sobre o autor e a ilustradora

Histórias de avô e avó foi o primeiro livro para crianças que **ARTHUR NESTROVSKI** escreveu, em 1998. De lá para cá, saíram outros nove livros dele, incluindo *O Livro da Música*, *Viagens para lugares que eu nunca fui*, *Agora eu era* e *Bichos que existem e bichos que não existem* (que também tem ilustrações da Maria Eugênia e ganhou o prêmio Jabuti de Livro do Ano em 2003).

Isso é metade da história. A outra metade é música: Arthur é compositor e violonista, e desde 2010 ele é o diretor artístico da Orquestra Sinfônica do Estado de São Paulo (a Osesp), a maior orquestra do Brasil. Faz shows e grava discos ao lado de artistas como Zélia Duncan, Adriana Calcanhotto e Zé Miguel Wisnik, e também de sua filha Lívia, que virou cantora de música brasileira.

Quando escreveu este livro, a Lívia e a Sofia (que virou escritora e estudiosa de literatura) ainda eram pequenas. Hoje estão bem grandinhas, então talvez não demore muito para que o Arthur vire avô. Vai ser o máximo ler e inventar histórias de avô e avó para contar para os netos.

MARIA EUGÊNIA nasceu em São Paulo em 1963. Quando era pequena, queria saber desenhar bem, então treinava sem parar. Assim, aprendeu a desenhar desenhando, e diz que continua aprendendo. Formou-se em direito, mas guardou o diploma para pintar. Estreou como ilustradora em 1991 e na literatura infantojuvenil em 1995. Já ilustrou mais de cinquenta livros para crianças e adultos. Ganhou o prêmio Jabuti e, na Itália, o Bologna Ragazzi Award — New Horizons. Para a Companhia das Letrinhas ilustrou, entre outros livros, os da coleção Memória e História e *O livro dos medos*, de vários autores. Além de desenhar, ela adora cantar, ouvir música, ir ao cinema, ler livros para crianças, viajar, entre muitas outras coisas legais.

COLEÇÃO MEMÓRIA E HISTÓRIA

Ilustrações de Maria Eugênia

17 é tov!, Tatiana Belinky

Do outro lado do Atlântico, Pauline Alphen

Flor do cerrado: Brasília, Ana Miranda

Fotografando Verger, Angela Lühning

A história dos escravos, Isabel Lustosa

Histórias de avô e avó, Arthur Nestrovski

Imigrantes e mascates, Bernardo Kucinski

Minha vida de goleiro, Luiz Schwarcz

Nas ruas do Brás, Drauzio Varella

Tomie: cerejeiras na noite, Ana Miranda

A marca FSC® é a garantia de que a madeira utilizada na fabricação do papel deste livro provém de florestas que foram gerenciadas de maneira ambientalmente correta, socialmente justa e economicamente viável, além de outras fontes de origem controlada.